# Fotosíntesis

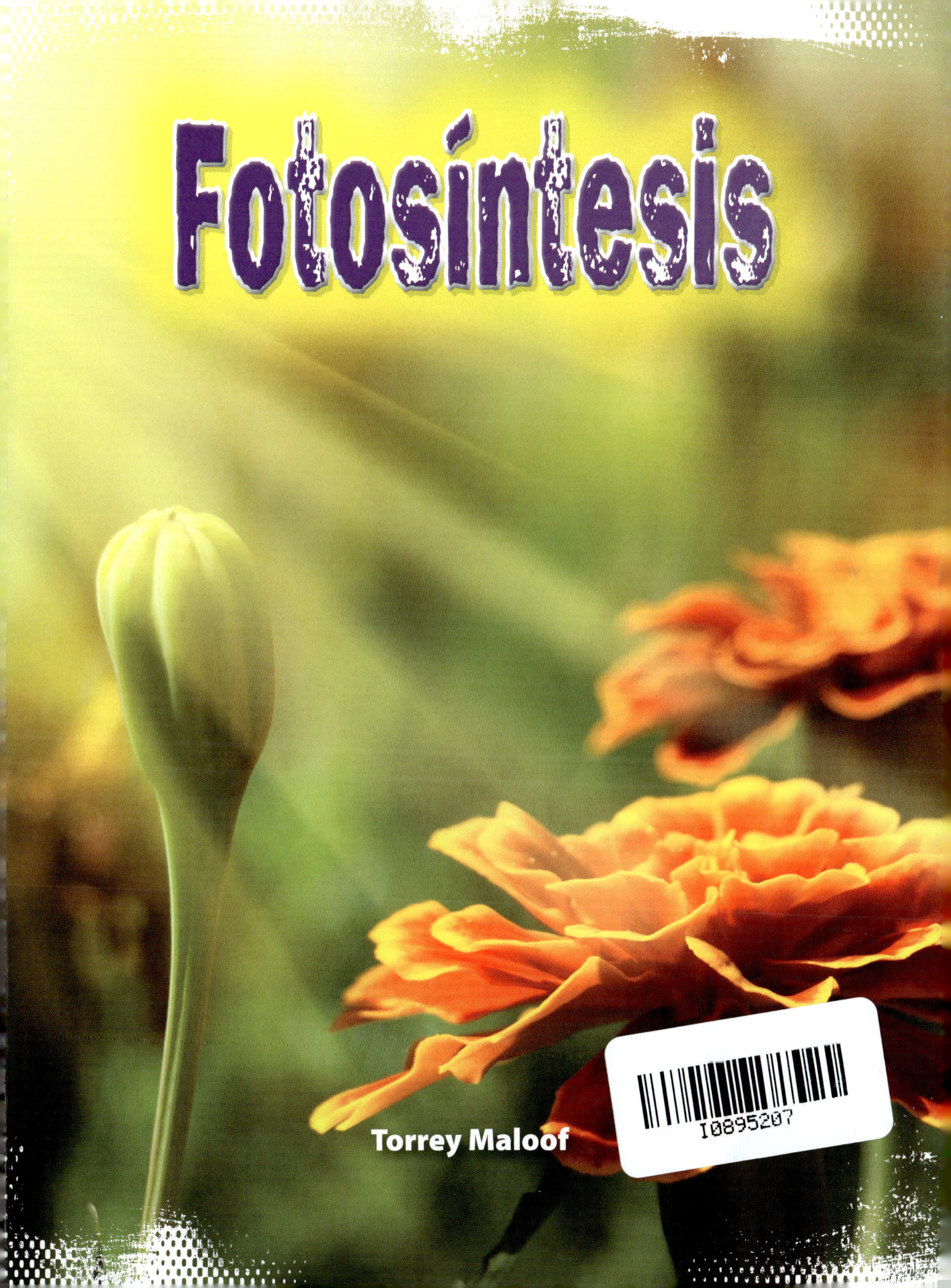

Torrey Maloof

**Asesora**

**Leanne Iacuone, M.A.T., NBCT, ATC**
Riverside Unified School District

**Créditos de imágenes:** pág.27 Blend Images/Alamy; págs.20–21 (inferior) Cultura Creative/Alamy; págs.12–13 (ilustraciones) Tim Bradley; págs.8–9 (fondo) Lonely Planet Images/Getty Images; págs.8–9 Inhabitos; págs.2–4, 6–7, 10–11 (inferior), 12–14, 15 (inferior) 19, 22–25 (fondo), 25–26, 30–32 iStock; pág.17 (superior) Nossant Jean Michel/SIPA/Newscom; pág.21 (superior) Reuters/Newscom; pág.5 NOAA; pág.20 (izquierda) NOAA MESA Project; pág.15 (superior y medio) Diego Stocco/Gianfilippo De Rossi; pág.11 (superior) Fletcher & Baylis/Science Source; págs.28–29 (ilustraciones) Janelle Bell-Martin; todas las demás imágenes cortesía de Shutterstock.

**Teacher Created Materials**
5301 Oceanus Drive
Huntington Beach, CA 92649-1030
http://www.tcmpub.com

**ISBN 978-1-4258-4678-7**

Printed by: 590835
Printed in: Taiwan

# Contenido

# Energía solar

Todos los seres vivos de la Tierra necesitan **energía** para vivir. Tú necesitas energía. Los animales necesitan energía. Las plantas también necesitan energía. Las plantas obtienen la energía de una estrella que conocemos como el sol.

El sol es una estrella enorme y poderosa. Envía luz y calor en cada dirección. Una pequeña porción de la energía solar brilla en la Tierra. La luz solar es muy potente. Calienta nuestro planeta y crea los vientos. Sustenta el ciclo del agua. Además, brinda a las plantas la energía que necesitan para crecer.

## El ciclo del agua

El sol calienta el agua. El agua se **evapora** en el cielo. Se convierte en **vapor**, se **condensa** y forma las nubes. Luego, llueve. El agua se acumula en lagos, ríos y arroyos. Luego, se evapora nuevamente y el ciclo continúa. El ciclo del agua brinda a las plantas y a los animales la humedad que necesitan para sobrevivir.

Los seres humanos están aprendiendo a usar la energía solar. Los científicos buscan formas de usar la luz solar para dar energía a los automóviles, las casas y hasta a los teléfonos.

El bambú es una planta que crece rápidamente. ¡Algunos tipos de bambú pueden crecer casi un metro (tres pies) en un día!

# Partes de una planta

Las plantas pueden crecer en casi cualquier lugar de la Tierra. Crecen en el océano. Crecen en las montañas. ¡Incluso crecen en los desiertos! Existen 300,000 tipos de plantas en el mundo. Las plantas tienen características que las ayudan a vivir en estos lugares. Pero todas las plantas dependen de lo mismo para sobrevivir. Todas necesitan sol, agua, aire y alimento. También tienen las mismas partes que las ayudan a vivir.

## Poderoso musgo

Quizás no se parezca al resto de las plantas, pero el musgo puede hacer cosas increíbles. ¿Podrías sobrevivir bajo una capa de hielo ártico durante 1,500 años? ¡Un antiguo trozo de musgo pudo hacer exactamente eso! Cuando los científicos lo sacaron del hielo, le dieron un poco de luz y calor. Al poco tiempo, estaba como nuevo, ¡y creciendo!

## Creación de Puentes

Las raíces no son solo para las plantas. La tribu War-Khasis de India crea puentes con las raíces de los árboles de caucho. Un puente dura entre 10 y 15 años en crecer. Estos puentes son lo suficientemente fuertes para soportar el peso de 50 personas.

# Raíces

¿Alguna vez has pensado en por qué las plantas no salen volando cuando hace viento? ¿O por qué no salen arrastradas cuando llueve? Es porque las plantas tienen raíces fuertes y firmes. Las raíces anclan las plantas al suelo. Crecen por debajo de la tierra. Los seres humanos absorben los **nutrientes** que necesitan para vivir y crecer de los alimentos. Pero las plantas usan las raíces para absorber nutrientes del suelo.

## Recetas con raíces

Las raíces pueden ser la parte más sabrosa de una planta. Comemos las raíces de las zanahorias, los nabos, los nabicoles, las papas y las cebollas.

cebollas rojas

Las raíces no solo mantienen a las plantas en el suelo. También mantienen el suelo en su lugar y ayudan a mantener la Tierra sana.

Las distintas plantas tienen diferentes raíces. Algunas plantas tienen un sistema de **raíz primaria**. Significa que tienen una raíz grande de la que crecen pequeñas raíces. Este tipo de raíz puede llegar a ser muy larga. Le permite a la planta obtener agua de lo más profundo del suelo. Los árboles grandes tienen un sistema de raíz primaria. Otras plantas tienen un sistema de raíz fibrosa, en el que un grupo de raíces delgadas crecen desde el tallo de la planta. Estas raíces permanecen cerca de la superficie. Las plantas de jardín generalmente tienen un sistema de raíz fibrosa.

No todas las raíces crecen bajo tierra. Algunas se elevan del tallo. Cuelgan en el aire o se estiran por el aire antes de llegar bajo la tierra. El maíz tiene este tipo de sistema de raíz.

Los científicos descubrieron un árbol en Suecia con raíces que han estado creciendo por más de 9,500 años.

sistema de raíz fibrosa

Los científicos estudian la manera en que las plantas usan las raíces y el suelo para alertarse mutuamente sobre las enfermedades.

## Alimento para plantas

Cuando las plantas y los animales mueren, se **descomponen**. Significa que se disuelven o desintegran. Al descomponerse, se absorben en el suelo. Es lo que hace que la tierra sea rica en nutrientes y se convierta, así, en el alimento perfecto para las nuevas plantas.

# Tallos

Los tallos son fuertes. Tienen que serlo porque tienen un trabajo importante que hacer. Los tallos sostienen y brindan apoyo a las hojas y las flores de las plantas. Son la columna vertebral de la planta. A medida que la planta envejece, el tallo crece y se vuelve más largo y grueso. La parte exterior del tallo se vuelve áspera de modo que pueda proteger a la planta.

El interior de un tallo actúa como un sistema de carreteras para la planta. Diminutos tubos transportan agua y nutrientes por toda la planta. Los tallos también almacenan nutrientes para que las plantas los usen después.

## Refrigerios de tallos

El apio es un excelente refrigerio para después de la escuela. También es una forma divertida de estudiar los tallos. Cuando comemos apio, comemos el largo y fuerte tallo de la planta de apio.

El agua y los minerales viajan a través del tallo, desde las raíces y hasta el resto de la planta.

## ¡En la Cima!

De la misma forma que una pajilla, los tallos transportan el agua y lo que encuentren, a la parte superior de la planta. Busca algunos materiales sencillos para observar más de cerca cómo funcionan los tallos.

# Hojas

¿Alguna vez has reunido una pila enorme de hojas y has saltado encima? ¿Has hecho un proyecto de arte con hojas? Las hojas son bellas. También son una parte importante de cada planta. Existen muchos tipos diferentes de hojas. Algunas son grandes y otras pequeñas. Algunas son lisas y brillantes. Otras son ásperas y tienen bordes irregulares. Algunas son verdes y otras pueden ser marrones o de color naranja.

Las hojas son donde las plantas hacen su alimento. Sucede en la parte de la hoja llamada el *limbo*. El alimento luego se traslada por los **nervios** hasta el peciolo. El peciolo es la parte de la hoja que la conecta con el tallo. Todas estas partes trabajan en conjunto para ayudar a que la planta crezca grande y fuerte.

## ¡Haz música!

A las personas siempre se les ocurren nuevas formas de usar las plantas. ¡El experto en sonido Diego Stocco usa hojas para reproducir un disco! Funcionan igual que una aguja en un reproductor de discos. Gira y apila las hojas para producir diferentes sonidos.

## De hojas...

Las hojas son de muchas formas y tamaños. Las agujas delgadas de los pinos son hojas. Lo que parecen ser ramas en una palmera son sus hojas.

# Producción de alimento

¿Alguna vez has visto a una planta comer? Probablemente no. Es que las plantas son algunos de los únicos seres vivos que pueden producir su propio alimento. Durante muchos años, este proceso fue un misterio. Pero en la actualidad, sabemos cómo lo hacen. El proceso se llama **fotosíntesis**. Es un proceso sencillo, pero asombroso. Agua. Luz solar. Aire. ¡Es todo lo que hace falta para producir la energía que usan las plantas para crecer!

## Una idea brillante

Las plantas son responsables de gran parte de la fotosíntesis que sucede en la Tierra. Pero las algas, que no son del todo plantas o animales, también usan la fotosíntesis para elaborar alimento. El científico Pierre Calleja usa estas criaturas para crear lámparas ecológicas. No hace falta electricidad. La energía de estas lámparas proviene de la fotosíntesis de las algas.

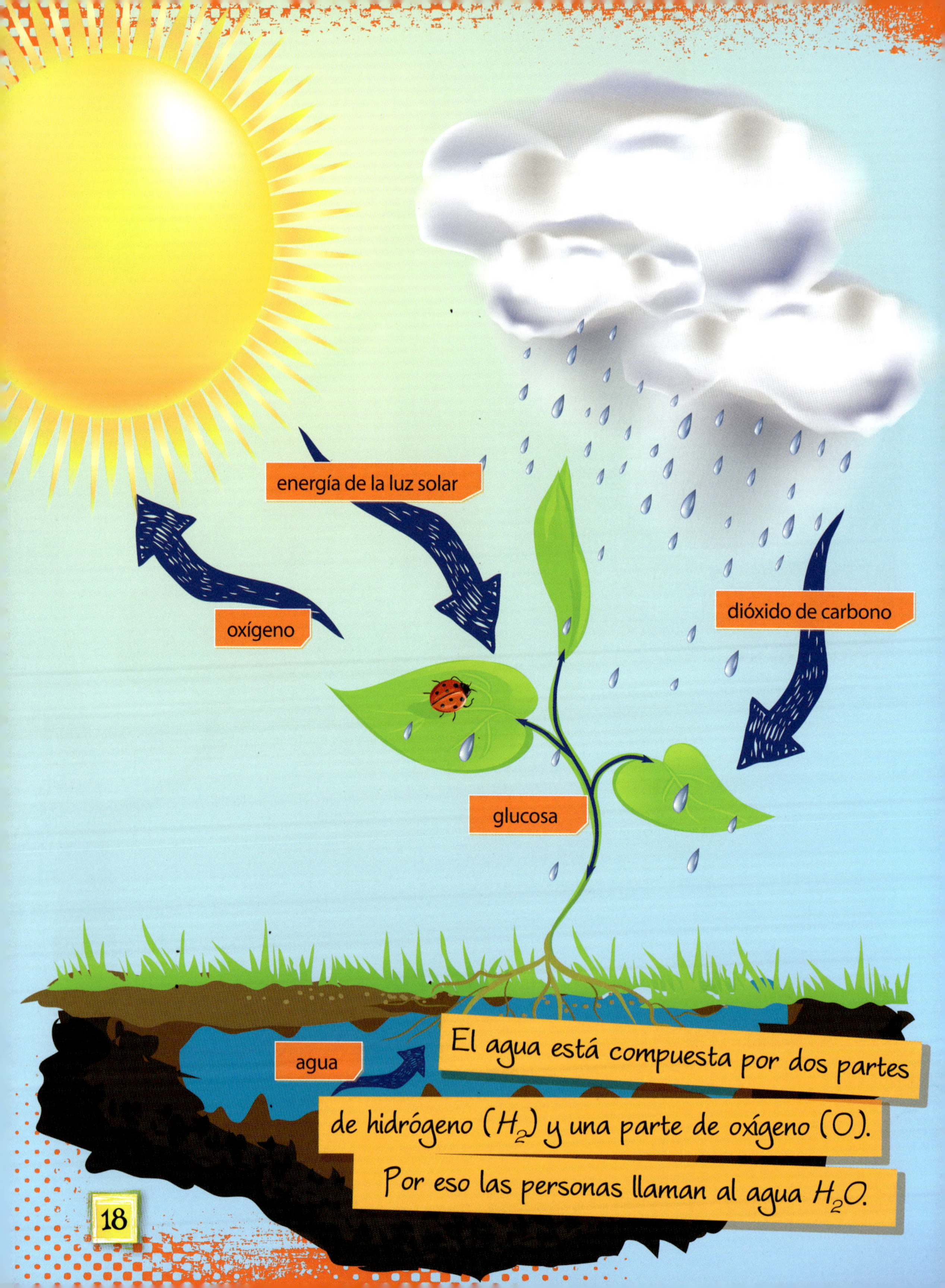


El agua está compuesta por dos partes de hidrógeno ($H_2$) y una parte de oxígeno (O). Por eso las personas llaman al agua $H_2O$.

La fotosíntesis comienza con el sol. Sin el sol, las plantas no tendrían la energía necesaria para elaborar el alimento. La **clorofila** de las hojas de la planta absorbe la luz solar.

El agua también es fundamental para las plantas porque está formada por **hidrógeno** y **oxígeno**. Las raíces de las plantas absorben el agua del suelo. Luego, el hidrógeno en el agua se usa para crear energía.

Las plantas también usan el **dióxido de carbono** del aire. La clorofila cambia el dióxido de carbono y el hidrógeno. Los transforma en glucosa, o azúcar, que la planta usa para producir energía.

## Colores del otoño

**La clorofila es lo que brinda a las plantas su color. En el otoño, hay menos luz solar. Los días son más cortos. Las hojas absorben menos sol, entonces comienzan a producir menos clorofila. Al poco tiempo, las hojas dejan de producir clorofila. Este es el motivo por el que las hojas cambian de color.**

# Efectos más grandes

La fotosíntesis proporciona energía a las plantas. También ayuda a los seres humanos. Las plantas usan el hidrógeno en el agua y liberan oxígeno al aire. Si las plantas no liberaran oxígeno, no podríamos respirar. ¡Necesitamos oxígeno para vivir! Todos los animales respiran oxígeno.

Las plantas también usan el dióxido de carbono para elaborar alimento. Nos beneficia porque es malo para los seres humanos que haya demasiado dióxido de carbono en el aire. ¡Hasta puede ser venenoso! Las plantas remueven el dióxido de carbono del aire. Así, nos ayudan a mantener el aire limpio y sano.

El fitoplancton son pequeños organismos que viven sobre la superficie del océano. Crean más de la mitad del oxígeno que necesitamos para respirar.

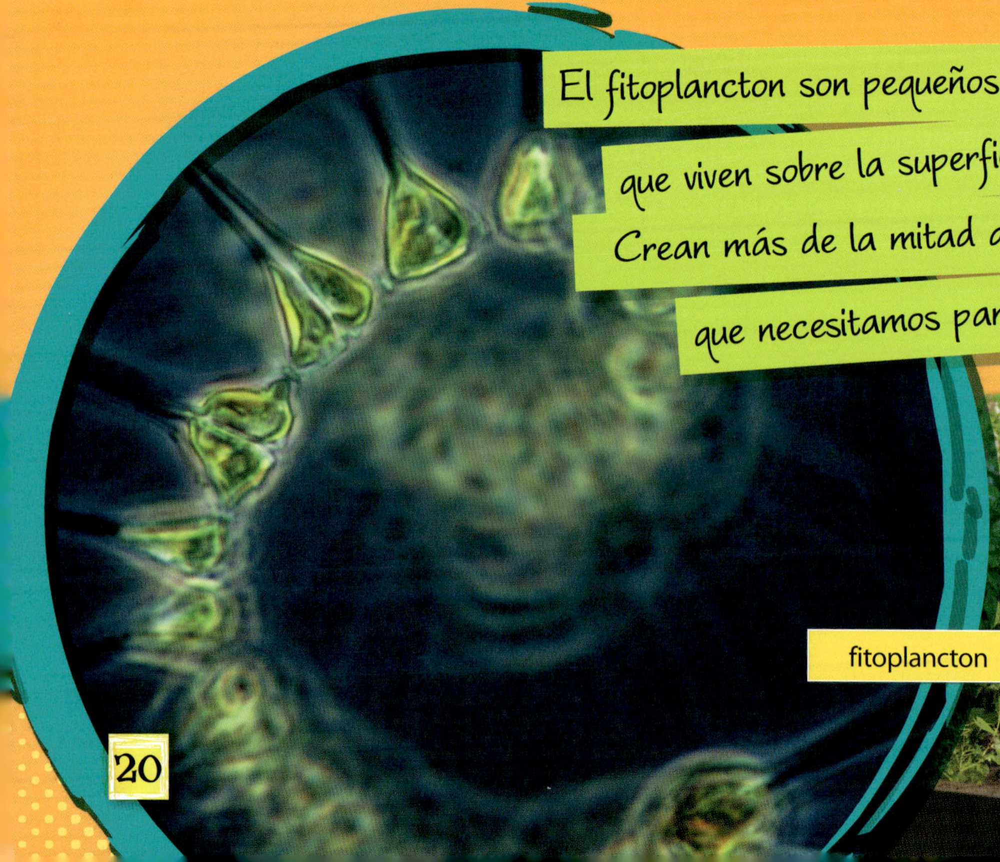

## Limpiar el aire

Los bosques tienen muchos árboles y oxígeno. Pero las ciudades con frecuencia están llenas de contaminación y puede ser difícil encontrar oxígeno. Por eso, personas que planifican las ciudades deben llevar los bosques a la ciudad. Las granjas y los bosques verticales ayudan a los habitantes de las ciudades a cultivar su propio alimento y limpiar el aire.

La fotosíntesis produce energía. La misma energía que las plantas usan para sobrevivir también alimenta a otros seres vivos. Las aves, los insectos y los mamíferos, incluidas las personas, dependen de las plantas para su alimento. Y no solo nos alimentamos de las plantas. Nos alimentamos también de los animales que dependen de las plantas. La energía se pasa a nosotros a través de los animales que comemos. De una u otra forma, obtenemos toda la energía de las plantas.

Una cadena alimentaria

## Habla con una planta

Desde hace mucho tiempo, los jardineros han creído que hablar con las plantas puede ayudarlas a crecer. Un experimento en línea está probando esta teoría con mensajes de personas de todo el mundo. Visita **http://www.talktoaplant.com** para obtener más información.

### Planta a la que se habló

- 45.7 cm (18 in) de altura
- verde más oscuro
- expuesta a más de 68,000 palabras

### En silencio

- 40.6 cm (16 in) de altura
- hojas más pequeñas
- expuesta a cero palabras

Es posible que las plantas tengan otros beneficios también. Muchas plantas son conocidas por su capacidad de curar. Las naranjas previenen los resfríos. Contienen vitamina C. El jengibre puede aliviar el malestar estomacal. Las personas le ponen jengibre a sus bebidas para aliviar el dolor de estómago. La lavanda puede ayudar a las personas a relajarse. Muchas lociones y sales de baño vienen con esencia de lavanda para ayudar a las personas a relajarse.

¿Alguna vez te has quemado con el sol? ¡Arde! La sábila puede ayudarte. Las hojas de esta planta tienen un gel especial. El gel puede ayudar a curar quemaduras y pequeños cortes.

Sin la fotosíntesis, ninguna de estas plantas existiría.

## El verdadero valor de una planta

En 1638, en Holanda, ¡una persona cambió 4 bueyes, 8 cerdos, 12 ovejas, una cama, ropa y 1,000 libras de queso por 1 bulbo de tulipán!

## Curar con clorofila

Algunas personas toman píldoras de clorofila para evitar el mal aliento. Otros las usan para ayudar a la digestión. Los médicos aún están estudiando cómo funciona. La espinaca, el perejil y los ejotes tienen altos niveles de clorofila.

ejotes

naranja

jengibre

sábila

lavanda

# La energía de las plantas

Inhala. Exhala. Inhala. Exhala. Tenemos que agradecer a las plantas cada respiro que damos. Si no existieran las plantas, no tendríamos oxígeno. Sin oxígeno, no podríamos respirar. Las plantas también remueven el dióxido de carbono del aire, lo que hace que sea más sano respirar el aire. Si no existieran las plantas, no tendríamos alimento. Sin alimento, no tendríamos energía para vivir y crecer.

Las plantas son una parte vital de nuestro mundo. Nos ayudan a desarrollarnos de muchas formas. Este es exactamente el motivo por el que es tan importante que las cuidemos. Inhala. Exhala. Inhala. Exhala. ¡Gracias, plantas!

## Música para los oídos

El artista Ryuichi Sakamoto encontró la forma de traducir la actividad de la fotosíntesis en música. Llama a su creación el Proyecto Sinfonía del Bosque. Puedes escuchar el sonido que producen 24 árboles japoneses en **http://vimeo.com/82765073**.

# Piensa como un científico

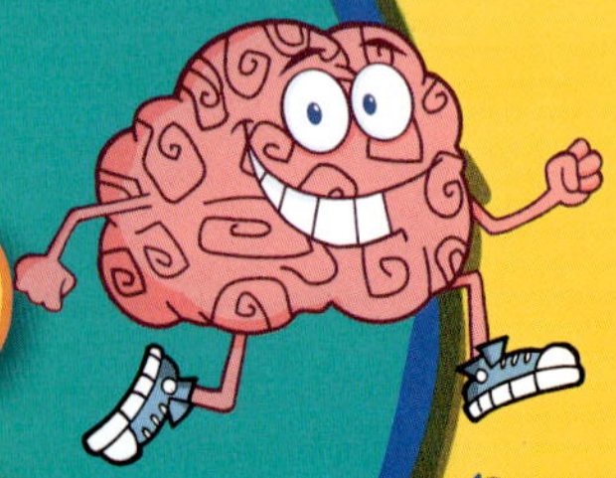

¿Qué necesitan las plantas para hacer la fotosíntesis? ¡Experimenta y averígualo!

## Qué conseguir

- agua
- bandeja poco profunda de aluminio
- cámara
- cartón
- semillas de pasto
- tierra para plantar

# Qué hacer

1. Coloca una capa de tierra en la bandeja de aluminio. Siembra las semillas en la tierra.

2. Riega la tierra. (**Nota:** Asegúrate de no regar mucho el suelo. Demasiada agua evitará que crezca el pasto). Ubica la bandeja en un lugar que reciba sol. Asegúrate de que la tierra permanezca húmeda durante una semana.

3. Deja que el pasto crezca media pulgada. Registra el color del pasto con una fotografía.

4. Cubre un tercio de la bandeja con un trozo de cartón. (Retíralo únicamente para regar). Deja de regar el tercio de pasto que está en el medio. Riega el pasto restante como lo harías normalmente.

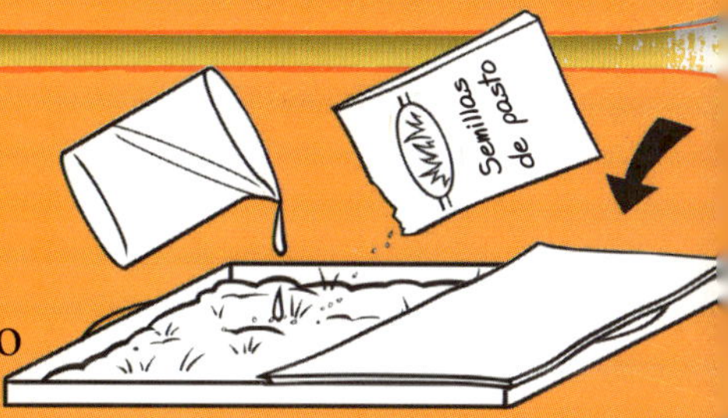


5. Después de una semana, retira el cartón. Compara el color del pasto con el color del pasto en la fotografía. Toma fotografías y usa una tabla como la siguiente para registrar lo que sucedió. Analiza con uno de tus padres, un maestro o un amigo por qué podría haber sucedido.

| | Sol y agua | Solamente sol | Solamente agua |
|---|---|---|---|
| Semana 1 | | | |
| Semana 2 | | | |

# Glosario

**clorofila**: la sustancia verde de las plantas que hace que sea posible producir alimento a partir de dióxido de carbono y agua

**condensa**: cambia la forma de gaseosa a líquida

**descomponen**: se desintegran lentamente

**dióxido de carbono**: un gas que se produce cuando los animales y las personas exhalan

**energía**: potencia que puede usarse para hacer algo

**evapora**: cambia de líquido a gas

**fotosíntesis**: el proceso en el que las plantas usan la luz solar para mezclar agua y dióxido de carbono para elaborar su propio alimento (glucosa)

**hidrógeno**: el elemento más común que no tiene color ni olor

**nervios**: líneas delgadas que se pueden observar en la superficie de una hoja

**nutrientes**: sustancias que los seres vivos necesitan para vivir y crecer

**oxígeno**: un gas que se encuentra en el aire y que es necesario para la vida

**raíz primaria**: la raíz grande y principal de una planta desde la que crecen otras raíces más pequeñas

**vapor**: una sustancia en forma de gas

# Índice

# ¡Tu turno!

## Plantas deliciosas

Las plantas ayudan a los animales de muchas formas. Producen el oxígeno para que podamos respirar. Remueven el dióxido de carbono del aire. Anclan el suelo para mantener la tierra en su lugar. Las plantas también nos brindan más de 2,000 tipos de alimentos.

Piensa en todas las plantas que comes. Enumera la mayor cantidad que puedas en cinco minutos. Después, busca a un adulto y prepara una deliciosa ensalada.